BEI GRIN MACHT SICH IHR WISSEN BEZAHLT

AF149276

- Wir veröffentlichen Ihre Hausarbeit,
  Bachelor- und Masterarbeit

- Ihr eigenes eBook und Buch -
  weltweit in allen wichtigen Shops

- Verdienen Sie an jedem Verkauf

Jetzt bei www.GRIN.com hochladen
und kostenlos publizieren

Jana Kampe

Männer auf ungewöhnlichen Wegen. Analyse und Bewertung der Studie "Men in nontraditional occupations" von Ruth Simpson

GRIN Verlag

Bibliografische Information der Deutschen Nationalbibliothek:

Die Deutsche Bibliothek verzeichnet diese Publikation in der Deutschen National-
bibliografie; detaillierte bibliografische Daten sind im Internet über http://dnb.d-
nb.de/ abrufbar.

Impressum:

Copyright © 2013 GRIN Verlag GmbH
Druck und Bindung: Books on Demand GmbH, Norderstedt Germany
ISBN: 978-3-656-87246-7

Dieses Buch bei GRIN:

http://www.grin.com/de/e-book/286851/maenner-auf-ungewoehnlichen-wegen-
analyse-und-bewertung-der-studie-men

BEI GRIN MACHT SICH IHR WISSEN BEZAHLT

- Wir veröffentlichen Ihre Hausarbeit, Bachelor- und Masterarbeit

- Ihr eigenes eBook und Buch - weltweit in allen wichtigen Shops

- Verdienen Sie an jedem Verkauf

Jetzt bei www.GRIN.com hochladen und kostenlos publizieren

Jana Kampe

**Männer auf ungewöhnlichen Wegen. Analyse und
Bewertung der Studie "Men in nontraditional occupations" von Ruth Simpson**

GRIN Verlag

Bibliografische Information der Deutschen Nationalbibliothek:

Die Deutsche Bibliothek verzeichnet diese Publikation in der Deutschen National-
bibliografie; detaillierte bibliografische Daten sind im Internet über http://dnb.d-
nb.de/ abrufbar.

Impressum:

Copyright © 2013 GRIN Verlag GmbH
Druck und Bindung: Books on Demand GmbH, Norderstedt Germany
ISBN: 978-3-656-87246-7

Dieses Buch bei GRIN:

http://www.grin.com/de/e-book/286851/maenner-auf-ungewoehnlichen-wegen-
analyse-und-bewertung-der-studie-men

SEMINAR: „BERUFLICHE ENTWICKLUNG ÜBER DIE LEBENSSPANNE"

WINTERSEMESTER 2012/ 2013

SEMINARARBEIT

Männer auf ungewöhnlichen Wegen

Men in nontraditional occupations:

Career entry, career orientation and experience of role strain

(Simpson, 2005)

JANA KAMPE

DATUM: 20.04.2013

INHALT

Ich mache meine Arbeit, weil sie mir Freude macht,
und ich habe keinen Grund, mir diese Freude selbst zu nehmen.
- Dr. Hans Riegel

1. Einleitung

Im 21. Jahrhundert, mit einhergehenden Rollenveränderungen bei Männern und Frauen, ist es interessant, wiederholt einen Blick auf Handeln, Erleben und Kognitionen von Menschen während ihres beruflichen Werdegangs zu werfen. Im Speziellen ist die Frage von Interesse, inwieweit geschlechtstypischen bzw. -untypischen Berufen nachgegangen wird. Wählen Männer eher „feminin"-geprägte Berufe, weil sie ihnen -in Anlehnung an das obige Zitat- Freude machen? Gibt es Einflüsse, die diese Freude mindern könnten? Falls ja, welches könnten Gründe dafür sein, dass diese Männer sich die Freude nehmen bzw. sie ihnen genommen wird? Im Folgenden wird, aus dem Review-Artikel „On men and work. Taking the road less traveled" (Heppner & Heppner, 2009), auf eine Veröffentlichung von Ruth Simpson (2005) Bezug genommen. In dieser Studie, „Men in non-traditional occupations: Career entry, career orientation and experience of role strain", werden vornehmlich die Erfahrungen von Männern in frauentypischen Tätigkeitsbereichen betrachtet. Zunächst soll die Simpson-Studie inhaltlich zusammengefasst werden. Darüber hinaus greift eine kritische Auseinandersetzung gesonderte Aspekte heraus und diskutiert diese mit Einbezug weiterer Literatur. Schließlich laufen im Fazit die Stränge aus Inhalten der Simpson-Studie, Resultaten anderer Autoren[1] und persönlichen Meinungen zusammen.

---

[1] Aus Gründen der besseren Lesbarkeit wird in diesem Text die maskuline Form von Substantiven verwendet, gemeint ist selbstverständlich immer auch die feminine Version.

2. Die Simpson-Studie

In ihrer qualitativen Studie wertete Simpson (2005) Tiefeninterviews mit männlichen Teilnehmern aus, wobei diese als Krankenpfleger, Grundschullehrer, Flugbegleiter und Bibliothekare beschäftigt waren. Besondere Betrachtung erfuhren bei der Analyse Wirkkräfte beim Berufseinstieg, Karriere-Orientierung sowie Belastungen durch die Geschlechterrolle[2]. Folgende stellen die drei Hauptziele der Studie dar:

1. *Der Schritt in ein berufliches Umfeld.* Hier interessierte vor allem, ob die Berufswahl aktiv oder passiv war und um welchen Zeitpunkt des beruflichen Werdegangs es sich handelte.

2. *Die persönliche Karriere-Orientierung.* Die oben genannten Dynamiken bei der Berufswahl wurden als potentielle Einflussvariablen auf die Orientierung gesehen. Einstellungen zur Karriere können individuell variieren, zum Beispiel im Hinblick auf eine Bevorzugung von extrinsischer- oder intrinsischer Belohnung.

3. Der *Geschlechtsrollen-Konflikt.* Es sollte geprüft werden, ob ein sogenannter Role Strain existiert, auf welche Art und Weise er sich zeigt und welche Auswirkungen, etwa auf berufsbezogene Entscheidungen, dieser haben kann.

Methode. In Bezug auf die Methode ist zu erwähnen, dass insgesamt 50 Tiefeninterviews in Großbritannien durchgeführt wurden, wobei sich die teilnehmenden Männer auf die erwähnten Berufsgruppen verteilten. Die Beschäftigten fanden sich innerhalb ihrer Berufsgruppe in unterschiedlichen Hierarchieebenen sowie inhaltlichen Schwerpunktbereichen wieder. Die halbstrukturierten Interviews orientierten sich an Themengebieten, die wiederum den drei Zielformulierungen entsprachen. Die Triebfedern zur

---

[2] Diese Ausarbeitung bedient sich neben der deutschen Formulierung ebenfalls der englischen Variante, „Role Strain", wie es auch in deutschsprachiger Literatur wiederholt zu finden ist.

Berufswahl wurden operationalisiert durch Fragen nach vorherigen Tätigkeiten, Gründen für eine berufliche Umorientierung und Motiven für die Wahl eines „untypischen" Berufs. Zur Erfragung der Karriere-Orientierung dienten Inhalte wie Führungsverantwortung, Entlohnung und mögliche Ursachen für (Un-)Zufriedenheit. Das Erleben von Geschlechterrollen-bedingten Beeinträchtigungen wurde auf indirekte Art erfasst. Die Interviewten wurden gebeten, Reaktionen und Äußerungen anderer Personen hinsichtlich ihrer persönlichen Berufswahl zu reflektieren. Die Teilnehmer wurden außerdem gebeten, Auskunft über ihren Umgang damit zu geben. Diese Fragen wurden in Bezug auf Personen inner- und außerhalb des sozialen Umfelds gestellt. Der Job Strain wurde außerdem mit der Thematisierung der stereotypischen Vorstellung von dem jeweiligen Beruf und der erlebten Passung mit der eigenen Identität erhoben.

Als Analysetechnik für die aufgezeichneten Gespräche wurde die „content analysis" nach Remenyi (1992), Jankowicz (1991) und Holsti (1968) eingesetzt. Die in der Simpson-Studie definierten Auswahlkriterien für eine Cluster-Entwicklung wurden durch die ersten beiden Fragestellungen generiert: berufliche Absichten, Karriereverlauf sowie berufliche Zielsetzungen. Diese Kriterien wurden daraufhin nach Häufigkeit, Salienz und ihren Beziehungen untereinander betrachtet. In Anlehnung an Berg (2001) differenziert Simpson bei der Auswertung zwischen manifesten Inhalten (de facto existent und zählbar) und latenten Inhalten (interpretativ und symbolisch). Entlang der wissenschaftlichen Fragestellungen werden im nächsten Abschnitt die Ergebnisse dargestellt.

Ergebnisse. Hinsichtlich der ersten Zielsetzung der Studie, die nach den Dynamiken bei der Berufswahl fragt, fanden sich aufgrund der Datenanalyse drei Gruppen von Männern. Die als *Seekers* bezeichneten Personen waren durch eine aktive Entscheidung für einen geschlechtsuntypischen Beruf gekennzeichnet. Männer, die eine untypische Beschäftigung zwar nicht bewusst bevorzugten, sich im Zuge des Such-Prozesses hinsichtlich einer

4

allgemeinen beruflichen Entscheidung jedoch in diese Richtung entwickelten, ließen sich der Gruppe *Finders* zuordnen (passive Entscheidung). Die dritte Subgruppe der *Settlers* umfasste solche Männer, die, nach umfassenden Erfahrungen in zumeist „maskulin" geprägten Berufen (z.b. Maschinenbau, IT, Management, Militär), schließlich eine Beschäftigung in einem „femininen" Umfeld wählten. 13 Teilnehmer wurden als *Seekers* identifiziert, neun als *Finders* und 18 als *Settlers*. In Abhängigkeit von der Gruppenzugehörigkeit variierte die Präferenz für den eigenen Beruf zum Zeitpunkt der Wahl, ihn anzunehmen. Zugehörige der *Seekers* und *Settlers* berichteten eine sehr ausgeprägte Präferenz, während *Finders* ihre Tätigkeit vielmehr als Kompromiss im Vergleich zu alternativen, favorisierten Karrierewegen sahen. Mit diesen Befunden werden in weiten Teilen die Ergebnisse von Williams und Villemez (1993) repliziert. Der Faktor des beruflichen Werdegangs klärte kaum Unterschiede zwischen den Gruppen auf, bis auf eine Ausnahme: die *Settlers* durchlebten radikale Veränderungen in ihrer Karriere; dies betraf 14 der 18 Gruppenmitglieder. Nachdem diese Männer in vorherigen, geschlechtstypischen Berufen tendenziell unzufrieden waren, berichteten sie, mit ihrem aktuellen Job endlich die richtige Beschäftigung gefunden zu haben. Einschränkungen in Form von weniger Gehalt und Aufstiegschancen müssten jedoch in Kauf genommen werden.

Die zweite Fragestellung der Karriere-Orientierung ergab folgende Befunde: die Bezahlung spielte für gut die Hälfte der Befragten (21 von 40) keine große Rolle. Von einigen Teilnehmern wurden Ambitionen berichtet, beruflich aufzusteigen für ein höheres Gehalt. Im Vergleich zu der eher abgeschwächten Gewichtung der extrinsischen Vergütung legten insbesondere die *Settlers* Wert auf intrinsische Rückmeldungen. Von den insgesamt 18 *Settlers* schrieben 14 intrinsischen Motiven mehr Relevanz zu als extrinsischen Aspekten.

Der Role Strain als dritter Untersuchungsgegenstand kann entstehen, wenn Männer in einen Konflikt geraten zwischen dem womöglich femininen Stereotyp ihres Berufs und ihrer eigenen, maskulinen Identität (Kanter, 1977, zitiert in Simpson, 2005). In den Antworten der Befragten kristallisierten sich die Themen Verlegenheit, Unbehagen und Schamgefühl einheitlich heraus. Unangenehme Gefühle wurden von 22 Männern berichtet, während zwölf Teilnehmer angaben, keinen Role Strain zu erleben. Die übrigen sechs Befragten machten mehrdeutige und teils widersprüchliche Angaben. Ein Großteil (neun von zwölf) der Role Strain-„unbehafteten" Männer gab an, homosexuell zu sein. Die Quelle für das erlebte Unbehagen konnte einerseits als internal betrachtet werden, in Bezug auf das eigene Selbst und den Selbstwert. Andererseits geht die externale Lokalisation - nicht absolut abzugrenzen von der internalen- von der Entstehung der unangenehmen Gefühle aufgrund von Beurteilungen anderer aus. Unterstützende Rückmeldungen erhielten die Männer durch ihre Familien und, größtenteils weiblichen, Bekannten. Im Vergleich dazu ging insbesondere vom männlichen Umfeld Missbilligung und Verhöhnung für den untypischen Beruf aus. Einhergehend wurde ein an die befragten Männer herangetragenes Stigma (Homosexualität, Perversion) berichtet. Die meisten Teilnehmer gaben an, recht unbeeindruckt von derlei Anmerkungen zu sein, indem sie sich über die Jahre daran gewöhnt hätten.

Weiterhin machten die Männer Gebrauch von Strategien zur Reduktion von einem möglicherweise bestehenden Role Strain. Eine dieser Strategien beinhaltete, dass die Befragten Einschränkungen und/oder Verzerrungen vornahmen. So gaben einige Männer ihren Berufen solche Bezeichnungen, die männeruntypische Termini mieden. Ein Bibliothekar gab z.B. lediglich an, an der Universität zu arbeiten, ein Flugbegleiter umschrieb seine Tätigkeit als „Arbeit in der Tourismusbranche". Die Hervorhebung der maskulinen Aspekte ihres Jobs repräsentierte eine zweite Strategie der Interviewten. Ein Beispiel hierfür ist, dass Grundschullehrer die Aktivitäten bezüglich Sport und Management betonten. Gleichzeitig grenzten die Männer sich hierdurch von ihren weiblichen Kolleginnen ab.

Insgesamt lag bei fast allen Befragten ein mehr- oder weniger ausgeprägter Role Strain vor, mit Ausnahme der homosexuellen Männer. Letztere erlebten tendenziell positive Empfindungen hinsichtlich ihrer Rollen-Identität. Role Strain-bezogene Gefühle waren internal oder external lokalisiert und zum Entgegenwirken wurden bestimmte Strategien angewandt. Einige wenige der Interviewten gaben an, ihren geschlechtsuntypischen Beruf verlassen zu wollen.

Diskussion. In der Reflektion der Ergebnisse wird die Typologie von Männern in untypischen Berufen genauer beleuchtet. Im Bezug auf karrierebezogene Bestrebungen können die drei Gruppen Unterschiede erklären. *Settlers* suchen weniger nach Aufstiegsmöglichkeiten, sondern fokussieren die professionelle Tätigkeit, die sie ausüben. Simpson vermutet, dass diese Männer, da sie ihren „maskulinen" Beruf bewusst verlassen haben, die beständige Entwicklung von Macht und Status ablehnen. Dafür sprechen auch Befunde von Kemp (1988). Demgegenüber finden andere Untersuchungen, dass Männer in untypischen Berufen eine schnellere Karriereentwicklung erfahren als Frauen in diesen Berufen (Equal Opportunities Review, 1998). Die typische männliche „steile Karriereleiter" ist aufgrund der widersprüchlichen Befundlage nicht absolut verallgemeinerbar. Dies verweist, im Kontext von Männern in männeruntypischen Berufen, auf eine intrinsische Motivation für diesen Karriereschritt. Auch Schann (1983) und Chusmir (1992) unterstützen dies. Ihrer Meinung nach investieren solche Männer wie zum Beispiel die Befragten in der Simpson-Studie in die affektive Komponente ihres Lebens, welche ein Macht- und Statusstreben nicht einschließt.

Hinsichtlich der genannten Strategien zur Bewältigung einer Identitäts-Gefährdung durch den männeruntypischen Job fanden sich auch in anderen Studien derartige Befunde (z.B. Egeland & Brown, 1989, Cross & Bagilhole, 2000). Nach Morgan (1992) stellt der Beruf eine wichtige Plattform für die aus Ausformung dessen, was „einen Mann ausmacht", dar. Indem Männer in Berufen beschäftigt sind, die eher von „femininen" Tätigkeiten geprägt sind, fordern sie ihre männliche Identität heraus und müssen der entstehenden Spannung begegnen. Hierfür spricht außerdem, dass kritische Bemerkungen hinsichtlich eines geschlechtsuntypischen Berufes vor allem von Männern ausgehen. Auch Kimmel (1994) fand, dass Männer vornehmlich die Verfechtung ihres Rollenbildes übernehmen, indem sie, im Vergleich zu Frauen, andere Männer nach weiblichen oder homosexuellen Facetten „scannen". Es kann insgesamt also von einem Antagonismus zwischen arbeitsbezogenem und geschlechtsbezogenem Rollenbild ausgegangen werden. Die persönliche Orientierung hinsichtlich der Geschlechterrolle spielt, auch in diesem Zusammenhang, eine wichtige Rolle. Immer wieder betont wird die notwendige Kongruenz dieser Orientierung mit der geschlechtsbezogenen Konnotation des Berufs. Ein solcher „Fit" kann dazu führen, dass kein oder ein abgemilderter Role Strain erlebt wird.

Zusammenfassend besitzt die beschriebene Studie heuristischen Wert, indem mit der Typologie von Männern in männeruntypischen Berufen ein geeigneter Rahmen für weiterführende Forschung bereitgestellt wird. Diese Gruppierung, zusammen mit den Erkenntnissen über Role Strain-Existenz, -Ausprägung und -Abhängigkeiten, sind der Generierung zukünftiger wissenschaftlicher Fragestellungen überaus zuträglich.

3. Kritische Auseinandersetzung

Die Studie von Simpson ist zwar explorativer Natur, dennoch ist die geringe Stichprobengröße zu kritisieren. Diesbezüglich können ebenfalls Rekrutierung und Zusammensetzung der Befragten diskutiert werden. Aufgrund der Freiwilligkeit der Teilnahme mag ein Selektionseffekt vorhanden sein. Mit dem Ausdruck „one sided distribution" bezieht sich Riecken (1962) auf die Wahrnehmung eines freiwilligen

Teilnehmers, dem Gegenüber Informationen zu seiner Person zu vermitteln, was andersherum jedoch nicht der Fall ist. Der Interviewer erhält „Daten" von dem Befragten, dieser allerdings erhält keine Informationen über den Interviewer. Davon ausgehend mag ein Interviewee implizit oder explizit auch von einem Ungleichgewicht in Bezug auf eine mögliche negative Evaluation seiner selbst ausgehen. Dieser Effekt kann vor allem bei der vorliegenden Thematik von Männern in männeruntypischen Berufen wirksam sein. So könnten potentielle Teilnehmer annehmen, dass der Interviewer die Aussagen zum Beruf negativ bewerten wird. Personen, die weniger Bedenken hinsichtlich einer derartigen Evaluation haben, werden mit einer höheren Wahrscheinlichkeit an der Befragung teilnehmen. Die Studie schließt somit vermutlich solche Männer, die zum Beispiel stärkere Schamgefühle hinsichtlich ihres Jobs besitzen, nicht ein. Neben diesem Effekt werden weitere interessante Aspekte, wie etwa Persönlichkeitseigenschaften, die mit einer freiwilligen Teilnahme an psychologischen Untersuchungen einhergehen, in dem Paper „The volunteer subject" (Rosenthal, 1965) beleuchtet. Simpson selbst diskutiert methodische Limitationen hinsichtlich der Interview-Situation. Sie beleuchtet dabei besonders die Dyade von weiblicher Interviewerin und männlichem Interviewee (Simpson, 2005, S.27).

Hinsichtlich der Stichproben-Zusammensetzung sind die gewählten Berufsgruppen zu hinterfragen. Bezug nehmend auf die Arbeiten von Heilman (2001) und Hochschild (1983) rechtfertigt Simpson die Auswahl der männeruntypischen Berufe damit, dass diese Attribute beinhalten, welche von der Gesellschaft als typisch feminin eingestuft werden (z.B. Sensibilität, Schönheit, Fürsorge, Servicetätigkeit). Auch in der deutschsprachigen Literatur findet sich die Betrachtung von Männern in Krankenpflegeberufen (Rabe-Kleberg, 1991). Hier werden vor allem Veränderungen bezüglich der Geschlechtsspezifität des Berufs erläutert. Es ist somit zu beachten, dass die in der Simpson-Studie erhobenen Berufsfelder durchaus Dynamiken unterliegen, welche sich gewiss auch zwischen Ländern und Kulturen unterscheiden. Die Kulturdimensionen nach Hofstede (1980), für diese Betrachtung wohl insbesondere die Dimension „Maskulinität versus Femininität", können auf bereits bestehende Unterschiede zwischen Kulturen verweisen. Diese mögen wiederum bedingen, wie stark welche Berufe in verschiedenen Gebieten als männer- bzw. frauentypisch betrachtet werden. Insgesamt ist es wichtig, den jeweiligen kulturellen Kontext in Betracht zu ziehen. Wie Simpson selbst erwähnt, kann nicht von einer Repräsentativität ausgegangen werden, indem hierzu eine Erfassung weiterer Berufsgruppen und unterschiedlicher organisationaler Kontexte von Nöten wäre (vgl. Simpson, 2005, S.27f).

Die qualitative Erhebung in Form von Interviews ist eine Möglichkeit, sich der Thematik explorativ zu nähern. Wünschenswert ist neben qualitativen Studien ebenfalls eine Datengewinnung quantitativer Art an einer weitaus größeren Stichprobe. Eriksen und Einarsen (2004) veröffentlichten - in dem bisher kleinen Pool an quantitativen Studien - eine Arbeit, die unter anderem die Minderheitenposition von Männern in männeruntypischen Berufen thematisiert. Eine weitere Fragebogen-Studie belegt eine positive Korrelation zwischen Geschlechtsrollenkonflikten mit emotionaler Instabilität (Wolfram, Mohr und Borchert, 2009). Um der beständigen Entwicklung der Geschlechterrollen-Thematik im Zusammenhang mit berufsbezogenen Entscheidungen gerecht zu werden, sind auch in Zukunft sowohl Interviewstudien als auch quantitative Erhebungen erstrebenswert.

Die Aufteilung der Stichprobe in die Gruppen der *Seekers, Settlers* und *Finders* führt dazu, dass eine eingeschränkte Zellenhäufigkeit vorliegt, was wiederum die Power der Ergebnisse einschränken mag. Die vorgenommene Untergliederung ist unter anderem dann sinnvoll, wenn auch andere Studien mit dieser Gruppierung arbeiten, sodass Vergleiche und Replikationen möglich sind. Neben der Studie von Williams und Villemez (1993), auf welche Simpson sich bezieht, liegen nach eigenen Recherchen keine vergleichbaren Studien mit dieser Typologie vor. Nichtsdestoweniger verweist die Gliederung auf interessante Zusammenhänge, die in den Resultaten berichtet werden.

Ein gruppenübergreifender Punkt im Ergebnisbericht besagt, dass etwa jeder zweite Teilnehmer keinen großen Wert auf das Gehalt legt. Eine interessante Zusatzinformation hierzu stellt sicherlich das Einkommen des Partners, sofern vorhanden, dar. Außerdem ist es möglich, dass der Befragte zuvor ein hohes Einkommen besaß, welches ihm eine sichere finanzielle Basis verschafft. Derartige Umstände können dazu führen, dass dem aktuellen Gehalt nur deshalb keine große Bedeutung zugesprochen wird, da eine anderweitige finanzielle Absicherung besteht. Auch die Frage danach, ob Kinder oder etwa pflegebedürftige Angehörige vorhanden sind, bleibt in der Studie unerwähnt. Lohnenswert ist also eine Investigation in die Klärung, wie stark oder schwach die Karriereorientierung zur Steigerung von Macht und Gehalt bei Männern in männeruntypischen Berufen tatsächlich ist. Heppner und Heppner (2009) berichten: „Some studies have indicated that men tend to monopolize positions of power and authority within nontraditional fields and are reinforced for doing so with greater pay and benefits (Simpson, 2005; Williams, 1993)." Die Simpson-Studie stellt keine eindeutige Tendenz für oder wider eine Orientierung an extrinsischer Vergütung fest und könnte zu diesem Aspekt noch differenzierter sein.

In Bezug auf die internale oder externale Lokalisation des Role Strain-bedingten Unbehagens wird diese Unterteilung zwar beschrieben. Es werden im Weiteren aber keine gruppenspezifischen Unterschiede geprüft oder anderweitige Verteilungen der Kategorien „external" und „internal" geschildert. Der Informationsgehalt hätte an dieser Stelle also durchaus größer sein können.

Die Studie fokussiert in der Diskussion vor allem die Coping-Strategien der Männer. Diese könnten auch im Rahmen des partnerschaftlichen bzw. familiären Umfelds betrachtet werden. Führt die durch einen Role Strain entstandene Spannung etwa zu kompensatorischen

11

Mechanismen, die Partner und Familie betreffen? Es ist möglich, dass Männer in geschlechtsuntypischen Berufen in den übrigen Lebenskontexten zum Ausgleich eine besondere Hervorhebung männlicher Attribute anstreben? In einem deutschsprachigen Review werden Bewältigungs-Strategien unter den Überschriften „Doing Gender" und „Undoing Gender" zusammengefasst (Sobiraj, S., Korek, S., Weseler, D. und Tanner, G., 2010); auch hier werden jedoch keine expliziten Mechanismen innerhalb von Familie und Beziehung genannt.

Die von Simpson genannten Implikationen schließen nicht ein, wie dem erlebten Role Strain bei Männern in Frauen-stereotypischen Berufen begegnet werden kann (ausgenommen dessen, dass eine Kongruenz zwischen Geschlechterrollen-Orientierung und geschlechtsbezogenem Stereotyp des Jobs hilfreich sei). In ihrem Review beschreiben Heppner und Heppner (2009), dass eine Berufs- oder Karriere-Beratung ein Rahmen sei, in dem Implikationen stattfinden können. Im engeren Sinne sollten Berufsberater, wenn es um die Tätigkeit in einem vornehmlich Frauen-dominierten Feld geht, den männlichen Klienten die einhergehenden Vorteile sowie Herausforderungen verständlich erläutern. Problembelastete Themen wie eine mögliche Diskriminierung, Argwohn und Ähnliches sollten hinreichend umfänglich behandelt und „gesunde" Bewältigung-Strategien bereitgestellt werden. Hierzu benötigen die Berater natürlich Wissen und Fähigkeiten, die dies ermöglichen: „Career counselors' knowledge of societal barriers that promote discrimination against men seeking nontraditional careers is critical to providing effective and sensitive counseling." (ebd., 2009). Personen in geschlechtsuntypischen Berufen sollte, zum Beispiel durch Workshops und Trainings, Wissen um Stressoren und Ressourcen vermittelt werden. Derartige Interventionen können vor und/oder während einer Tätigkeit in einem geschlechtsuntypischen Beruf ansetzen.

4. Fazit

Zusammenfassend liefert die Simpson-Studie interessante Impulse für weiterführende Forschung und praktische Ableitungen. Die methodischen Einschränkungen sind beachtlich, weshalb nicht von empirischen Kausalzusammenhängen ausgegangen werden darf. Männer in männeruntypischen Domänen dabei zu unterstützen, dem potentiellen Rollenkonflikt zu begegnen, ist ein sinnvolles Ziel. Gleichermaßen gilt dies natürlich auch für Frauen in männerdominierten Berufen; in diesem Bereich liegen weitaus mehr wissenschaftliche Studien vor. Insgesamt sollte für beide Geschlechter gleichermaßen ein größtmögliches Spektrum an beruflichen Entfaltungsmöglichkeiten gewährleisten werden. Schulungen und Workshops zu Geschlechterrollen, der Interaktion von Frauen und Männern, der Vereinbarkeit von Karriere und Beruf und weiteren relevanten Themen können hilfreiche Maßnahmen sein, um dies zu fördern – sodass die derzeit womöglich noch als „ungewöhnlich" wahrgenommenen Berufswege zunehmend als „gewöhnlich" erlebt werden.

5. Literaturverzeichnis

Cross, S. and Bagilhole, B. (2002). *Girl's jobs for the boys? Men, masculinity and non-traditional occupations*. Gender, Work & Organization, 9(2), 204–26.

Heppner, M. J. & Heppner, P. P. (2010). *On men and work. Taking the road less traveled*. Journal of Career Development, 36, 49-67. doi: 10.1177/0894845309340789.

Hofstede, G. (1980). *Culture's Consequences: International Differences in Work- Related Values*. Beverly Hills, California: Sage.

Hofstede, G., & McCrae, R. R. (2004). *Personality and Culture Revisited: Linking Traits and Dimensions of Culture*. Cross-Cultural Research: The Journal Of Comparative Social Science, *38*(1), 52-88. doi:10.1177/1069397103259443.

Rabe-Kleberg, U. (1991). *Männer in Frauenberufen - oder: Strukturveränderungen in Frauenberufen und das sogenannte "weibliche Arbeitsvermögen"*. Frauenforschung, 9(1-2), 33-40.

Rosenthal, R. (1965). *The volunteer subject*. Human Relations, 18(4), 389-406. doi: 10.1177/001872676501800407.

Simpson, R. (2005). *Men in nontraditional occupations: Career entry, career orientation and experience of role strain*. Gender, Work & Organization, 12, 363-380.

Sobiraj, S., Korek, S., Weseler, D. & Tanner, G. (2010). Männer in geschlechtsuntypischen

Berufen: Stand der Forschung und Herausforderungen für die Zukunft. In Rigotti, T.,

Korek, S., & Otto, K. (Hrsg.), *Gesund mit und ohne Arbeit*, 133 – 146. Lengerich:

Pabst Science Publishers.

Williams, L. and Villemez, W. (1993). Seeker and Finders: Male Entry and Exit in

Female Dominated Jobs, in Williams, C. (Hrsg.), *Doing Women's Work: Men in Non-*

Traditional Occupations, London: Sage.

Wolfram, H.-J., Mohr, G., & Borchert, J. (2009). *Gender Role self-concept, gender-role*

conflict, and well-being in male primary school teachers. Sex Roles, 60, 114-127.